AF509732

NOTICE

SUR

J.-B. CARPENTIER,

Historiographe du Cambrésis,

SUIVIE

D'UNE LETTRE INÉDITE DE CET ÉCRIVAIN ET DE L'EXAMEN CRITIQUE
DE L'UN DES DIPLOMES QU'IL A PUBLIÉS.

PAR A. LE GLAY.

VALENCIENNES,

IMPRIMERIE DE A. PRIGNET, RUE DE MONS, N° 9.

1835.

NOTICE

J.-B. CARPENTIER [1],

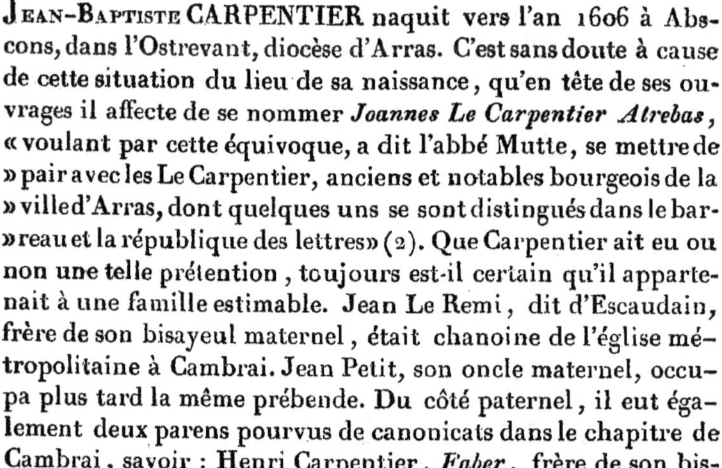

Jean-Baptiste CARPENTIER naquit vers l'an 1606 à Abs-
cons, dans l'Ostrevant, diocèse d'Arras. C'est sans doute à cause
de cette situation du lieu de sa naissance, qu'en tête de ses ouvrages il affecte de se nommer *Joannes Le Carpentier Atrebas*,
« voulant par cette équivoque, a dit l'abbé Mutte, se mettre de
» pair avec les Le Carpentier, anciens et notables bourgeois de la
» ville d'Arras, dont quelques uns se sont distingués dans le bar-
» reau et la république des lettres » (2). Que Carpentier ait eu ou
non une telle prétention, toujours est-il certain qu'il appartenait à une famille estimable. Jean Le Remi, dit d'Escaudain,
frère de son bisayeul maternel, était chanoine de l'église mé-
tropolitaine à Cambrai. Jean Petit, son oncle maternel, occu-
pa plus tard la même prébende. Du côté paternel, il eut éga-
lement deux parens pourvus de canonicats dans le chapitre de
Cambrai, savoir : Henri Carpentier, *Faber*, frère de son bisayeul, et Jean Carpentier, son grand-oncle. Jean Petit fit recevoir son neveu à St.-Aubert, abbaye de chanoines réguliers,

---

(1) Une première édition de cette Notice, incomplète et défigurée par
plusieurs fautes typographiques, a paru dans les *Archives du Nord*,
t. 2, 5ᵉ livraison.

(2) Il est à remarquer que dans son *Hist. généal. des Pays-Bas*,
où il mentionne presque tous les villages de la contrée, il ne cite pas
une seule fois le lieu où il est né.

ordre de St.-Augustin. On peut croire que les études historiques auxquelles il se livra dans cette maison lui avaient procuré une certaine réputation, puisque Blaeu eut plus tard recours à lui pour la description du Cambrésis, qu'il fit insérer dans son grand Atlas. Ce travail ne porte pas le nom de Carpentier, mais l'abbé Mutte, *Bibliothèque historique de la France*, t. 3, n° 39,035, ne doute pas qu'il ne soit de lui, et il fonde son opinion sur l'identité de style et sur le penchant de l'auteur à adopter les traditions les plus fabuleuses.

En 1649, l'abbaye de St-Aubert ayant à soutenir un procès au conseil supérieur de Malines contre le chapitre métropolitain, députa Jean Carpentier pour y défendre ses intérêts. Arrivé à Malines au moment où le Conseil était en vacances pour quinze jours, le député de St-Aubert crut pouvoir faire une excursion jusqu'à Anvers. Ensuite la curiosité le conduisit à Amsterdam. Lorsqu'il voulut retourner à Anvers, et delà à Malines, il s'embarqua, par erreur, dit-il, sur un bâtiment qui faisait voile pour la Norwége, où il fut pris et traité comme esclave. Il n'y était pas dénué de toute ressource; car il rapporte lui-même dans son *Histoire de Cambray*, t. 1er p. 293, qu'étant dans ces parages du Nord, il fit cadeau d'une aune de *toile de Cambray* à des Lapons qui en admirèrent la finesse. Après deux mois de captivité, un marchand Suédois, qui se trouva à portée d'apprécier les connaissances et les qualités personnelles de Carpentier, paya sa rançon et l'emmena à Stockolm. La cour du roi de Suède lui offrait de brillants avantages, mais le désir de revoir sa patrie et de reprendre la vie monastique le détermina à revenir à Cambrai.

L'abbé de St-Aubert, Jérome Milot, l'accueillit comme un fils égaré, le blâma fortement d'être allé en Hollande, sans un congé de son supérieur, ordonna aux religieux de le recevoir en bon confrère, et fit défense de lui reprocher ce qui s'était passé. Ce retour du fugitif eut lieu au mois de novembre 1652. L'académie de Cambrai conserve comme un monument curieux la lettre autographe par laquelle il sollicite sa rentrée en grâce. Quelques uns des faits consignés ci-dessus ont été puisés dans cette même lettre dont la signature prouve que le vrai nom de l'auteur était *Carpentier* et non *Le Carpentier* (1).

Trois ans après, cet esprit inquiet se fatigua de nouveau de la vie du cloître et quitta furtivement son abbaye pour aller vivre en Hollande avec une concubine. Foppens prétend que Carpentier, n'ayant pu réussir à se faire élire abbé de St.-Aubert, avait, par dépit, abandonné son état. Cette assertion manque tout à fait de vraisemblance, puisqu'à l'époque dont il s'agit, il n'y avait pas lieu de pourvoir à la place d'abbé qui était paisiblement occupée par Jérome Milot, nommé en 1628 et mort en 1670. Carpentier, réfugié à Leyde, épousa la femme qu'il avait emmenée et obtint des États-Généraux, le titre d'historiographe avec une modique pension. Une personne digne de foi, qui l'avait bien connu, a raconté à Foppens, auteur de la *Bibliotheca Belgica*, que Carpentier, troublé enfin par ses remords, avait de nouveau imploré son pardon et sollicité la faveur d'être admis encore dans le monastère qu'il avait déserté. Touchés de compassion, l'abbé et les religieux avaient cédé à ses supplications. Carpentier se remit donc en route pour Cambrai. Les enfans qu'il avait eus de son union illégitime voulurent l'accompagner jusqu'à Valenciennes. Là, quand il fut question de se séparer, la nature parla plus haut que la religion, et le malheureux père n'eut pas la force d'étouffer sa voix. *Mes enfans*, s'écria-t-il, *vous servirez de tisons pour ranimer le feu qui me consumera dans l'enfer; mais n'importe : je ne puis vous abandonner.* Alors tous les projets de pénitence s'évanouirent; et le pauvre apostat s'en retourna mourir chez les hérétiques. Ce fut vers 1670 que se termina cette vie aventureuse.

Les ouvrages qu'a laissés Carpentier sont : 1° *La véritable origine de la très illustre maison de Sohier, avec une table généalogique de la ligne principale et directe, embellie d'un court récit des branches qui en sont sorties depuis six cents ans ou*

----

(1) On trouvera cette lettre, jusqu'à présent inédite, à la suite du présent article.

environ jusqu'à présent. *Le tout vérifié par titres, chartes, monumens et histoires authentiques.* In-fol° avec planches. Leyde, chez François Hacke, 1661. L'ouvrage est dédié à Constantin Sohier, descendant des anciens comtes de Vermandois. La dédicace est signée J. C. D. D. Carpentier y a reproduit l'acte du tournois d'Anchin qui eut lieu en 1096. Cette pièce intéressante se retrouve encore dans le n° 3.

2° *Généalogie des Le Plat........* que je n'ai pu rencontrer et dont je ne saurais donner le titre exact. La famille Le Plat tire son nom d'une terre seigneuriale située près de Cambrai, entre les faubourgs du St-Sépulchre et de Cantimpré.

3° *Histoire généalogique des Pays-Bas, ou histoire de Cambray et du Cambresis, contenant ce qui s'y est passé sous les empereurs et les rois de France et d'Espagne ; enrichie de généalogies, éloges et armes des comtes, ducs, évesques et archevesques, et presque de quatre mille familles, tant des XVII provinces que de France, etc. etc.* avec cette épigraphe: *Integre.* In-4°, 2 vol. Leyde. Le frontispice du 1er vol. porte la date de 1664. La 2e partie qui commence à la page 309, est datée 1663. La 3e n'a point de date. Quelques exemplaires qui portent 1668 sont cependant de la même édition; mais l'auteur a ajouté, à la fin de la 3e partie, les pages 1097 – 1110, plus une grande planche représentant une séance des états du Cambrésis, et plusieurs feuilles d'armoiries. Tous les exemplaires contiennent une carte topographique du Cambrésis, qui a pour titre : *Nova Cameracesii descriptio auctore Joan. Carpentier Atrebate.* Le nom de l'imprimeur ne se trouve ni au commencement ni à la fin des volumes ; mais quelques bibliographes et entr'autres M. Motteley, pensent que cette production est sortie des presses elzéviriennes. Au reste, l'ouvrage est maintenant assez rare et recherché.

4° *Ambassade de la compagnie orientale des Provinces-Unies, vers l'empereur de la Chine ou grand Cam de Tartarie, faite par Pierre de Goyer et Jacob de Keyser, le tout recueilli par Jean de Nieuhoff ; mise en françois par Jean Le Carpentier.* In-fol°,

2 parties en 1 vol. avec fig. Leyde 1665. M. Brunet, dans la table méthodique qui complète son *Manuel du libraire*, 3ᵉ édition, n° 12,605, commet une erreur en donnant à cette traduction la date de 1655.

Jean Carpentier a été jugé avec beaucoup de sévérité par divers écrivains. L'abbé Dupont le critique assez amèrement dans plusieurs endroits de son *Histoire ecclésiastique et civile de Cambrai*, in-12, 7 parties. Cambrai, 1759 à 1767, histoire qui est elle-même bien défectueuse. Le P. Lelong, qui dans la 1ʳᵉ édition de la *Bibliothèque hist. de la France*, en avait d'abord parlé avec éloge, s'est rétracté ensuite, comme on peut le voir, t. 1ᵉʳ n° 8539 et t. 3, nᵒˢ 39,041 et 40,640 de la 2ᵉ édition. Son opinion du reste, et celle de son continuateur, Fevret de Fontette, n'ont été ainsi modifiées que sur les observations qui leur furent adressées par le savant Mutte, doyen de l'église de Cambrai. Au dire de ce dernier, Carpentier serait un impudent faussaire dont la plume vénale fabriquait des généalogies pour certaines familles puissantes, et les appuyait de titres controuvés. Il se trouve en effet, parmi les pièces justificatives de l'*Histoire généalogique des Pays-Bas*, quelques chartes qui portent des caractères évidents de fausseté. J'ai moi-même (*Programme des recherches à faire sur l'histoire et les antiquités du département du Nord*, page 25) signalé les principaux traits qui, dans un de ces titres, m'ont paru décéler une fraude diplomatique (1). Mais de ce qu'un historien produit un acte supposé ou altéré, faut-il conclure qu'il est l'auteur de la falsification ou de l'interpolation ? Ne doit-on pas présumer qu'il l'a recueilli tel qu'il le donne et qu'il a été dupe d'un faussaire ancien, au lieu d'être faussaire lui-même? Ce qu'on peut lui reprocher avec plus de raison, c'est d'avoir manqué de critique et de n'avoir pas su discerner les chartes authentiques d'avec celles qui sont subreptices.

Suivant l'abbé Mutte, une circonstance qui doit faire suspecter fortement la bonne foi de Carpentier, c'est que souvent on n'a pas retrouvé dans les archives indiquées par cet historien les diplomes qu'il disait y reposer. Il me semble que ce n'est pas encore là un motif suffisant pour déclarer que ces di-

______

(1) Voyez ci-après, p. 13, un examen plus détaillé de ce même diplome.

plomes ont été fabriqués par lui. Seulement on pourrait
en inférer qu'il a emporté les originaux dans sa fuite et qu'il
a omis de les restituer ; ce qui serait une infidélité grave et
même un délit punissable, sans toutefois porter une atteinte
réelle à la vérité historique de ses récits (1). D'autres écrivains d'ailleurs ont rendu à Carpentier plus de justice. Voyez
entr'autres les *Mémoires sur l'histoire du Vermandois*, par Col-
liette, t. 1ᵉʳ, p. 672 (2).

En résumé, Jean Carpentier, que nous ne devons juger ici
que comme historien, ou même si l'on veut comme simple
chroniqueur, et en nous défiant des préventions que pour-
raient faire naître les égaremens de sa vie privée, me parait
avoir été un peu trop déprécié. Sans doute ses productions of-
frent des tâches nombreuses; il est diffus, déclamateur et bour-
souflé. Ses digressions, toujours ridicules, n'ont pas de fin,
et il lui arrive assez souvent de tomber dans de graves erreurs;
mais on me permettra d'ajouter aussi que, nonobstant toutes
ces imperfections, l'histoire du pays lui a des obligations considérables. Il a le premier, après Balderic, débrouillé le ca-

---

(1) Pour mon compte, je dois dire qu'en essayant de mettre quelqu'ordre dans les archives de Cambrai, j'ai retrouvé bon nombre de chartes origi-
nales, citées par Carpentier, entr'autres la charte de commune d'Esne,
qu'il a tronquée et que je publierai en entier avec des notes.

(2) Ferdinand Malotau de Villerode, conseiller honoraire au parlement
de Flandre, s'exprime ainsi dans les notes manuscrites qu'il a laissées sur
Carpentier : « L'autorité de cet écrivain n'est pas si méprisable que quel-
« ques uns se le sont imaginés. Sur ce qu'il est tombé dans plusieurs ana-
« chronismes et faussetés considérables, on auroit tort de le rejeter en
« tout ce qu'il a écrit et rapporté, notamment ses chartes. Cela n'empes-
« che pas les sçavants d'avoir recours à son ouvrage, tels qu'I.... dans
« les différents traités qu'il a donnés au public, et plusieurs autres qui le
« regardent comme un auteur de bonne foy et très-impartial. D'ailleurs
« il est prudent de vérifier ce que l'on prend de luy, et il est même à
« présumer que certains nobles, au temps de l'impression de ses deux
« volumes, y ont fait faire plusieurs fourrures contraires à la vérité et
« pour s'illustrer par un faux masque qu'il est facile de développer pour
« peu que l'on soit au fait de l'histoire. » Je dois cette note à l'amitié
de M. Pascal-Lacroix.

hos de nos confuses annales. Ses généalogies, véritable nobi-
liaire des Pays-Bas, sont encore aujourd'hui étudiées avec
fruit et citées par ceux qui se livrent à ces sortes de recherches.
On lui doit la conservation d'une foule d'inscriptions et d'é-
pitaphes curieuses, recueillies par les frères Rosel, dont le
manuscrit est perdu. Enfin, parmi les pièces justificatives de
son principal ouvrage, abstraction faite de celles qui sont en-
tâchées de fausseté, il a donné au public des documens historiques du plus haut intérêt et les monumens les plus précieux
de notre ancien langage.

LETTRE DE CARPENTIER

aux Chanoines de l'Abbaye de St.-Aubert de Cambrai.

Messieurs, très chers et bien aimez Confrers (1),

Vous auriez sujet de croire que j'aurois tout-à-fait oublié l^e
respect et l'honneur que je vous dois, ou bien que j'aurois
conceu une entière deffiance de vos bontez, si, à mon heureuse
arrivée, je ne me metterois en devoir de vous faire ouverture
de ma captivité de deux ans, de laquelle je m'assure qu'il
n'y a eu personne d'entre vous qui n'en aye fait parêtre du
ressentiment, cognoissant assez bien vos bons naturels portez
tendrement à compâtir aux tristes accidens de leurs confrers.
Sur cette saincte confiance, j'oseray vous mettre en détaille
mes petits intérests, afin qu'estant arbîtres de ma cheute, aussi
bien que de ma constance en ma vocation, vous me jugiez en
équité, digne de votre indignation, ou de votre compassion.

Je ne doute pas que vous sçavez que ce fu malgré moy que
j'ay entrepris passez deux ans le voiage de Malines, considé-
rant assez qu'il me devoit faire encourir la disgrace de l'un ou
l'autre de mes confrers, et de ces messieurs de Chapitre; et de

---

(1) On n'a rien changé à l'orthographe de la lettre originale dont on doit
la conservation à M. Pascal-Lacroix, qui l'a déposée dans les archives de l'a-
cadémie de Cambrai.

fait, je vous advoue et proteste que, pour un temps, cela m'a tellement embrouillé l'esprit, que j'avois conceu de me rendre dans quelque autre maison plus estroite, ou bien dans quelque solitude, que j'allois entreprendre, sans la dissuasion d'un mien amy qui, pour me mettre cela hors de ma fantaisie, me pria (*attentâ etiam vacantiâ publicatâ Mechlinie pro quindecim diebus*) de l'accompagner à Anvers, où estant en compagnie de quelques autres gentilshommes qui partoient pour Amsterdam, d'où ils promettoient me remettre en Anvers en huit jours, la curiosité me poussa à les accompagner, d'où voulant retourner sans ma compagnie qui y vouloit s'arrester plus longtemps, je me suis engagé sur un vaisseau qui se disoit venir à Anvers, mais tout au contraire faisoit voile en Norvége vers la mer glacialle, ou je fus traité en esclave, par une juste punition de ma curiosité l'espace de deux mois, et je le serois encore, n'eut esté la charité d'un marchand de Suede qui me racheta de ces mains barbares et m'emmena en sa ville de Stolcholm où en peu de temps je fus assez considéré en la cour, mais n'ayant rien plus à cœur que mon cloistre, et me riant des fraisles appas de cette cour, j'ay fait sçavoir à la première commodité mon estat et sejour, et l'extrême desir qui me boureloit à vous revoir, comme il se peut voir par plusieurs lettres adressées à Messieurs le comte de Buquoy et baron de Crevecœur, n'ayant peu vous le faire directement sçavoir de peur de quelques surprises d'icelles. A la fin nostre bon Dieu, qui est autant miséricordieux que juste, ne voulant permettre que je viverois plus longtemps au milieu de ces mondains, m'inspira et facilita le chemin pour en sortir, non sans plusieurs stratagêmes, périls et craintes que j'avois d'être recognu. Me voici enfin par sa saincte grace, heureusement arrivé au port tant desiré, privé encor touteffois du bonheur de vous embrasser tous fraternellement et candidement, par la retenue et commandement de Monsr. nostre prélat, duquel je crains justement les rigueurs. Ors comme je ne puis ni ne dois m'addresser en ce point à personnes plus authorisées et plus secretes que vous autres, je vous prie tous très-humblement par la passion de Notre-Seigneur-Jésus-Christ, les larmes aux yeux, et la contrition au cœur, et notamment vous, mes très-chers confrers aisnez, de vouloir prendre la peine d'employer une parcelle de l'énergie que vos facilitez et vos bontez vous dicteront envers nostre bon prélat afin d'arrester, et addoucir sa passion. Je ne sçaurois m'imaginer qu'il puisse faire aucun refus à vos tendres et sincères remonstrances, veu que plusieurs grands personnages s'estonnent beaucoup moins de ma chûte, que de mon retour. Je vous prie tous au préalable de lancer un moment vos fermes pensées sur les circonstances de ma chûte, qui n'est émanée que d'une simple et inconsidérée curiosité de visiter cette ville tant renommée ; mais notre bon Dieu qui dirige toutes nos actions et se venge en temps de nos témérités et outrecuidances, a permis que je tomberois dans ce labyrinthe, *diynas curiositatis mee soluturus pœnas.* Vray miroir pour nous apprendre à tous que, sans cette saincte vertu d'obedience nous ne pouvons jamais couvrir ni faire réussir aucuns de nos desseins. Voila ma faute que je sousmets et immole en cœur contrit à vos jugemens. Soyez-en les arbitres, et dites en vostre sentence ; vous priant de considérer en passant, *quòd nullus sit ita circumspectus, quin aliquando in peccatum sit collapsus,* et de vous arrester un peu à ce que dit nostre bon patron St. Augustin, au livre *de sermon, divin.* cap. 3o. *Cogitemus cùm aliquem judicare nos necessitas cogit, utrùm tale sit vitium quod numquàm habuimus, vel tale quod aliquando habuimus et jam non habemus, et tunc tangat memoriam nostram communis fragilitas ; ut illud judicium non adium et calumnia sed misericordia et caritas precedat. Consideremus nos in eodem vitio posse esse, atque ideo non objurgemus, sed congemiscamus* etc............ Je vous donne les balances en mains pour y peser ma faute, espérant qu'avec le sentiment des plus saincts et mieux sensez personnages, que la jugerez presque de nulle considération, au prix de ma constance et fermeté en ma vocation, parmi les plaisirs et allèchemens d'une cour où je me suis trouvé insensiblement engagé, peut-être par la suggestion du diable qui ne cherçoit qu'à me perdre ; mais nostre bon Dieu par sa grace m'a toujours tenu les yeux ouverts pour descouvrir ses embusches et ses piéges, dont je ne dois avoir autres obligations quà vous tous et à vos sainctes prières que vous immoliez sans doute tous les jours au saint sacrifice de la messe, pour mon retour et ma liberté. Vous en voiez aujourd'huy le fruict et les effets ; aussi veux-je m'assurer que vous y avez de la complaisance, et une plaine resjouissance comme avoit la femme de l'évangile qui avoit perdu sa drachme, *quâ inventâ vicinas suas ad congratulationem convocabat ;* et de fait, *quanto magis contristat res perdita, tanto magis lœtificat inventa, undé ex peccatore converso quàm de stante justo majus gaudium est in cœlo.* Et comme dit encore nostre bon patron : *Deo est gratior reditus ad rectam viam post culpam, quàm securitate torpescens innocentia per gratiam. Sicuti et dux in prælio plus eum militem diligit, qui post fugam reversus hostem premit, quàm illum qui nunquàm transfugit, et nunquàm aliquid fortiter gessit : agricola etiam plus amat illam terram, que post spinas uberem profert messem, quàm illam que numquàm spinas habuit et nunquàm fertilem messem protulit.* Ce sont les motifs pregnans, messieurs et très chers confrers, qui vous poussent et vous ont poussé à vous resjouir de mon retour et de ma liberté, croyant mesme qu'il n'y a personne d'entre les bons catholiques, qui aye l'ame si lasche et si noire que d'en tesmoigner et faire parêtre quelque mescontentement ou arrière pensée. Tant s'en faut qu'une sinistre opinion puisse aucunement s'emparer de vos ames, puisqu'elles sont et doivent estre sainctes, et que je les ay cognu et cognois très-zelées au soulagement des délinquans : imitant en cela le bon pasteur *qui perdiderat ovem suam, quam inventam gaudens ad ovile super humeros reportavit.* Mais à quoi bon tant de persuasion et d'éclaircissement, puisque je m'assure tant de votre clairvoyance et débonnaireté fraternelle, que sans vous en avoir mesme prié, vous avez déjà prémédité unanimement quelque moyen pour mon soulagement qui ne butte qu'à me rappeler à votre saincte compagnie avec toute sorte d'applaudissemens ? En attendant que vous me ferez naistre au plustot le bien de vous revoir, je suis en tout respect et humilité,

Messieurs et très-chers confrers,

Vostre très humble et très obéissant confrer,

J.-B. Carpentier.

Domo vrâ Aubertinâ, (1) â novemb. 1652.

---

(1) La date du jour est illisible dans le manuscrit autographe.

EXAMEN CRITIQUE

D'UN DIPLOME

INSÉRÉ DANS LES PREUVES DE

L'HISTOIRE DE CAMBRAY ET DU CAMBRESIS.

TEXTE DU DIPLOME.

« In nomine S. et Ind. Trin. Amen. Universalis mater et
» virgo singularis, Christique sponsa Ecclesia Cathol. etc.
» Ego quidem Pipinus senior eo favore et animo ductus, ma-
» ximè quia de rege superbo Theodorico, per gratiam Omni-
» potentis, cum victoriâ sum liberatus, eccles. S. Petri Kam-
» brac. concedo in perpetuam eleemosinam terram meam in-
» ter Elimontem et Salicurtem in pago Atrebatensi, etc.......
» S. D. Pipini Senioris. S. Hidulphi Ducis Lotharing. S.
» Philippi Ducis Metensis. Ego Asdolgus cancellarius recog-
» novi. Data Kambraci. An. i. v. sex cent. nonages. primo.
» Ind. 2. Principatûs nostri an. quinto. »

Traduction : « Au nom de la sainte et indivisible Trinité.
» L'Eglise catholique, mère universelle, vierge singulière,
» épouse du Christ, etc..... Moi, Pepin-le-Vieux, pénétré de
» reconnaissance pour la faveur que m'a faite le Tout-Puis-
» sant, en me délivrant par la victoire des mains de Thierri,
» roi plein d'orgueil, je donne en aumône perpétuelle, à l'é-
» glise de St-Pierre de Cambrai, ma terre entre Elimont et
» Saulchy en Artois, etc......... Seing du seigneur Pepin-le-

» Vieux ; seing d'Hidulphe, duc de Lotharingie ; seing de
» Philippe, duc de Metz. Donnée à Cambrai l'an de l'incarna-
» tion 991, indiction 2, cinquième année de notre principau-
» té. »

Cet acte a été argué de faux par l'abbé de Foy dans sa *Notice des diplomes, chartes, etc., relatifs à l'histoire de France*,
in-folio. Paris, 1765. Je vais tâcher de l'examiner d'une ma-
nière plus approfondie que ne l'a fait ce critique, et peut-être
serai-je amené à être moins sévère que lui dans mes conclu-
sions.

La formule *In nomine S. et Ind. Trinitatis* offre un premier
motif de suspicion. Les diplomatistes, et en particulier les au-
teurs du *Nouv. traité de diplomatique*, t. 3, p. 82, t. 5, p. 663
et D. de Vaines, *Dict. abrégé de diplom.*, t. 2, pp. 33 et 37,
conviennent que l'invocation de la Trinité ne se rencontre guè-
res dans les actes publics qu'à dater du règne de Charles-le-
Chauve. Cette règle néanmoins n'est pas tout-à-fait sans ex-
ception, puisque, selon Aimoin (1), le testament de Dago-
bert commence par *In nomine Trinitatis*. Quant à l'*indiction*
qui parait au bas de notre titre, il est reconnu qu'au septième
siècle, elle est rarement admise dans les histoires et qu'on ne
la trouve presque jamais dans les chartes. C'est Charlemagne
qui, depuis son couronnement à Rome, commença à employer
constamment cette forme de date. D. Mabillon pourtant en
trouve des traces dans les diplomes royaux, sous les prédéces-
seurs de ce prince (2).

Jamais, d'ailleurs, dit-on, Pepin-le-Vieux ne s'est servi,
dans les chartes qu'il a souscrites, de ces mots *principatûs nostri*, pour désigner l'année de son exercice dans la charge de
Maire du palais. Mais cette objection perdra un peu de sa va-
leur quand il sera constaté que l'auteur du diplôme contro-
versé n'est pas Pepin-le-Vieux, mort en 639 ou 640, mais

(1) *De gestis Francorum*, libr 3. C. 30.
(2) *De re diplom.* p. 170-190.

Pepin d'Heristal qui a pu prendre la qualité de *senior* en mé-
moire de son ayeul, connu sous ce nom, et qui l'a prise en effet, comme on peut le voir dans divers documens et entr'autres
dans la *Vie de St.-Ursmar. Act. SS. ord. St.-Bened*, part. 1,
hec. 3, p. 255 et *apud D. Bouquet*, t. 3, p. 626 (1). Il est
hors de doute, tant par la date du diplome que par la mention
d'une victoire sur le roi Thierri, qu'il ne peut s'agir ici que de
Pepin d'Heristal qui, en effet, vainquit, en 687, Thierri, roi
de Neustrie, à Testri, sur le Daumignon, ou Omignon, dans le
Vermandois, entre Péronne et St.-Quentin. On sait en outre
que ce même Pepin a fait une donation de divers biens à l'église
de St-Pierre (depuis St-Aubert) à Cambrai.

Hidulphe, duc de Lotharingie et Philippe, duc de Metz,
sont, suivant l'abbé de Foy, des personnages tout-à-fait in-
connus dans l'histoire. L'observation semble vraie pour Philippe; du moins je n'en ai trouvé aucune trace dans les nom-
breux manuscrits que j'ai eu occasion de consulter. Quant à
Hidulphe, il n'en est pas de même. Outre Hidulphe qui, après
avoir été archevêque de Trèves, abdiqua et se retira dans les
Vosges, on connait un autre Hidulphe qui vivait à la cour
de Pepin d'Heristal et qui détermina ce prince à confier à St.-
Ursmar la direction du monastère de Lobbes. Cet Hidulphe est
même qualifié *duc* par Sigebert, *ad ann.* 698. Il est nommé *dux
Lotharingiæ* par Gislebert dans sa chronique de Hainaut, p.
14; il prend le même titre dans deux chartes rapportées par
Aubert Le Mire, t. 2, p. 1126 et t. 3, p. 283. A la vérité, C.
Smet, dans ses notes sur la vie de Ste.-Waudru *Act. SS. Belgii*, t. 4, p. 426, cherche à établir que ce titre forme ici un
anachronisme, et que le mot *Lotharingia* n'est connu que depuis l'empereur *Lothaire*. Henschenius professe la même opinion. Mais est-il bien certain que ce soit Lothaire qui ait donné
son nom à la *Lorraine*? Ce nom ne pourrait-il pas être tout
aussi bien dérivé de *Chlotaire* qui est le même mot, sauf l'ini-
tiale, supprimée dans les temps postérieurs.

---

(1) Voir aussi Molanus *Natales SS. Belgii*, p. 124. *Diplom. Belg.* t. 2,
p. 1126, t. 3, p. 283.

Ces considérations sont loin, je le sais, d'établir l'authenticité du diplome dont il s'agit, mais elles peuvent fournir quelques données nouvelles sur ce point de critique.

De ce qui précède, il faut conclure, sinon que ce diplome est évidemment faux et controuvé, du moins qu'il a été, ou volontairement, ou par l'ignorance du copiste, tronqué et défiguré en plusieurs endroits. Attribuerons-nous à Carpentier des falsifications aussi palpables, aussi grossières? On ne voit pas quel intérêt pouvait les lui suggérer. Il n'avait pas de motif pour forger ce titre en faveur de l'abbaye de St-Aubert à laquelle il n'appartenait plus depuis longtemps et qui n'était pas disposée à lui savoir gré de ses services. Croyons plutôt qu'il aura trouvé dans un depôt d'archives, soit une copie infidèle d'un titre authentique, soit une copie exacte d'un acte faux qui a trompé son inexpérience.

Nota. — Carpentier, qui n'a point d'article dans la *Biogr. univ.*, en a deux dans la nouvelle édit. du *Dict. hist.* de Feller, publiée par M. Henrion; l'un sous son vrai nom, t. 4, p. 5o4, l'autre sous celui de *Charpentier*, t. 5, p. 28g. Ces deux articles sont peu exacts et très incomplets.

www.ingramcontent.com/pod-product-compliance
Lightning Source LLC
LaVergne TN
LVHW021600170726
843501LV00010B/3798